La science dans mon monde : niveau 2

DES INSECTES INCROYABLES

Kelli Hicks

Un livre de la collection
Les jeunes plantes de Crabtree

CRABTREE
Publishing Company
www.crabtreebooks.com

TABLE DES MATIÈRES

QU'EST-CE QU'UN INSECTE?

Entends-tu ce bourdonnement?

C'est peut-être un **insecte**.

FAIT INCROYABLE SUR LES INSECTES

Les scientifiques ont découvert plus d'un million de types d'insectes différents.

Le corps des insectes est composé de trois parties principales : la **tête**, le **thorax** et l'**abdomen**.

tête
thorax
abdomen

Les insectes ont six pattes et deux **antennes**. Les insectes n'ont pas de **colonne vertébrale**.

De nombreuses personnes pensent que les araignées sont des insectes, mais ce n’est pas le cas. Compte les pattes.

Les araignées ont huit pattes. Les araignées sont des **arachnides**.

LES INSECTES VOLANTS

Certains insectes ont des ailes pour se déplacer.

mouche

Les mouches et les moustiques ont une seule paire d'ailes.

Les papillons et les papillons de nuit ont deux paires d'ailes.

Les libellules ont deux paires d'ailes transparentes et un long abdomen.

Les libellules aident les gens en mangeant de petits insectes, comme les moustiques.

FAIT INCROYABLE SUR LES INSECTES

Les libellules peuvent voler comme un hélicoptère — vers l'avant, vers l'arrière, vers le haut et vers le bas. Elles peuvent aussi faire du sur-place.

LES INSECTES SAUTEURS

Certains insectes ont de puissantes pattes arrière qui les aident à bondir ou à sauter pour s'éloigner du danger.

Les sauterelles, les puces et les grillons peuvent tous sauter.

sauterelle

Les puces sont minuscules, mais elles peuvent sauter à une hauteur pouvant atteindre 8 pouces (20 centimètres). C'est comme si tu sautais par-dessus la statue de la Liberté!

FAIT INCROYABLE SUR LES INSECTES

La puce est si petite qu'elle peut tenir sur la mine d'un crayon.

LES INSECTES QUI MORDENT OU QUI PIQUENT

Certains insectes mordent ou piquent pour se protéger.

Les punaises de lit, les puces, les mouches à cheval et les guêpes mordent ou piquent toutes.

Les fournis rouges piquent.
Elles s’agrippent à leur victime
au moyen de leurs pinces.

Puis elles injectent du **venin** dans leur victime au moyen de leur dard.

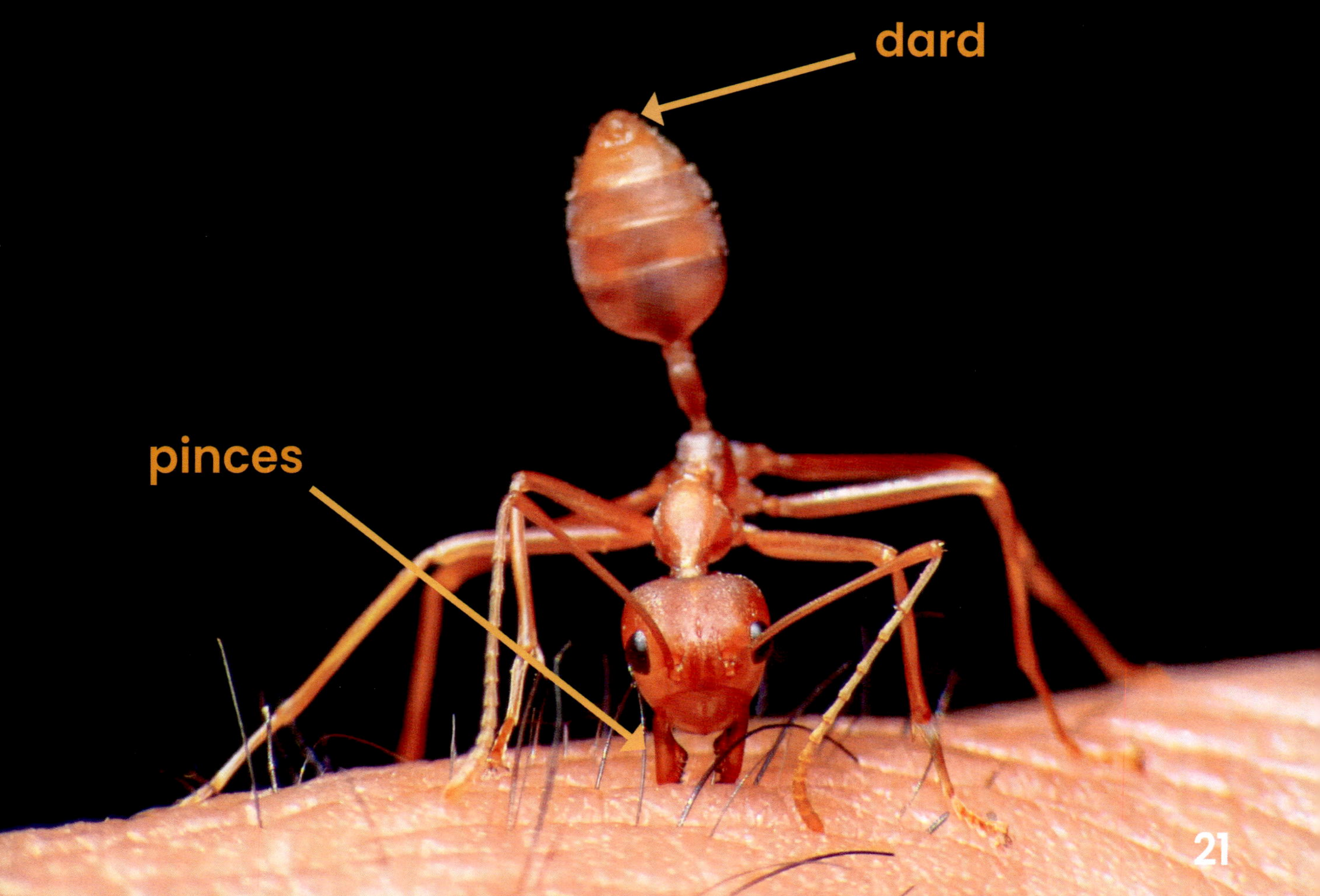

LES INSECTES EFFRAYANTS

Qu'ils volent, rampent ou sautent, certains insectes sont tout simplement effrayants.

lucane

Ils peuvent avoir des épines, des couleurs inhabituelles ou une forme étrange pour se protéger contre les **prédateurs**.

Regarde cet insecte effrayant. C’est une sauterelle épineuse. Grâce à ces épines, les prédateurs ne veulent pas la manger.

denticelle

Certains insectes effrayants ressemblent à des feuilles ou à des branches.

phasme

Nomme les parties de L'INSECTE

Relie chaque mot à la case appropriée.

antenne

tête

thorax

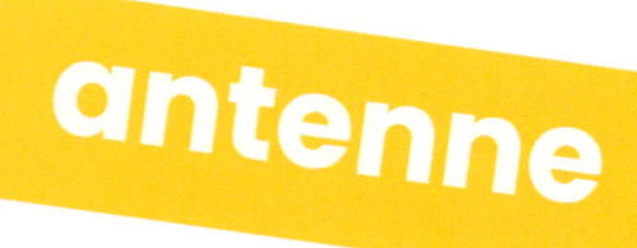

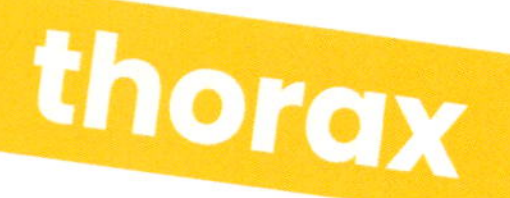

abdomen

Glossaire

abdomen (ab-do-mèn) : La dernière section du corps d'un insecte

antennes (an-tèn) : Les organes palpeurs situés sur la tête d'un insecte

arachnides (a-rak-nide) : De petits animaux avec huit pattes, un corps composé de deux parties et sans aile; les araignées sont des arachnides

colonne vertébrale (ko-lone vèr-té-bral) : Des os reliés ensemble longeant le milieu du dos

insecte (in-sèkt) : Un petit animal avec six pattes, un corps composé de trois parties et sans colonne vertébrale

prédateurs (pré-da-teur) : Des animaux qui chassent et mangent d'autres animaux

tête (têt) : La partie de devant du corps d'un insecte, qui est fixée au thorax

thorax (to-rax) : La partie centrale du corps d'un insecte, entre la tête et l'abdomen

venin (ve-nin) : Un poison produit par un insecte ou un autre animal, habituellement injecté dans le corps d'une victime par une morsure ou une piqûre

Index

Soutien de l'école à la maison pour les parents, les gardiens et les enseignants

Ce livre aide les enfants à se développer grâce à la pratique de la lecture. Voici quelques exemples de questions pour aider le lecteur ou la lectrice à développer ses capacités de compréhension. Les suggestions de réponses sont indiquées en rouge.

Avant la lecture

- **De quoi ce livre parle-t-il?** *Je pense que ce livre parle d'insectes formidables. Je pense que ce livre parle des nombreuses choses géniales que les insectes peuvent faire.*
- **Qu'est-ce que je veux apprendre sur ce sujet?** *Je veux savoir quels insectes piquent. Je veux apprendre les différentes parties du corps d'un insecte.*

Pendant la lecture

- **Je me demande pourquoi...** *Je me demande pourquoi les araignées ne sont pas des insectes. Je me demande pourquoi certains insectes n'ont pas d'ailes.*
- **Qu'est-ce que j'ai appris jusqu'à présent?** *J'ai appris que les scientifiques ont découvert plus d'un million de types d'insectes différents. J'ai appris que les insectes ont six pattes et que leur corps est composé de trois sections.*

Après la lecture

- **Nomme quelques détails que tu as retenus.** *J'ai appris que les libellules peuvent voler comme un hélicoptère : vers l'avant, vers l'arrière, vers le haut et vers le bas. J'ai appris que certains insectes ressemblent à des feuilles ou à des branches pour se cacher des prédateurs.*
- **Lis le livre à nouveau et cherche les mots du glossaire.** *Je vois le mot* ***antennes*** *à la page 8 et le mot* ***venin*** *à la page 21. Les autres mots du glossaire se trouvent aux pages 30 et 31.*

Crabtree Publishing Company
www.crabtreebooks.com 1-800-387-7650

Version imprimée du livre produite conjointement avec Blue Door Education en 2021.

Références photographiques : www.shutterstock.com. www.istock.com. Couverture © Rob Hainer; page de titre © keepmovingforward, p. 2-3 © shutterstock.com/ Protasov AN. p. 4-5 © irin-k, Sandra Cunningham; p. 6-7 © Donald Sawvel, alslutsky, Aleksandr Kurganov, Kletr; p. 8-9 © irin-k, Smit; p. 10-11 © Subbolina Anna, Kosarev Alexander; p. 12 © By keepmovingforward; p. 13 ©shutterstock.com/ Darkdiamond67. p. 14 © Alen thien, p. 15 © Rob Stark; p. 16 © Cosmin Manci, p. 17 © By Sarawut Aiemsinsuk By Sarawut Aiemsinsuk; p. 18 ©shutterstock.com/ Achkin, p. 19 © irin-k; p. 20 © injun, p. 21 © shutterstock.com/ ploypemuk. p. 22-23 © Adrov Andriy; p. 24 ©shutterstock.com/Dr. Morley Read; p. 25 ©istock.com/ GlobalP. p. 26 ©shutterstock.com/Aedka Studio. p. 27 ©shutterstock.com/ Eric Isselee; p. 29 © Shutterstoc/ Henrik Larsson

Imprimé au Canada/112021/CPC

Autrice : Kelli Hicks
Coordonnatrice de l'impression : Katherine Berti
Traduction : Annie Evearts

Publié au Canada par Crabtree Publishing
616 Welland Ave.
St. Catharines, ON
L2M 5V6

Publié aux États-Unis par Crabtree Publishing
347 Fifth Ave
Suite 1402-145
New York, NY 10016

Catalogage avant publication de Bibliothèque et Archives Canada

Titre: Des insectes incroyables / Kelli Hicks ; texte français d'Annie Evearts.
Autres titres: Incredible insects. Français.
Noms: Hicks, Kelli, auteur.
Description: Mention de collection: La science dans mon monde : niveau 2 | Les jeunes plantes de Crabtree | Traduction de : Incredible insects. | Comprend un index.
Identifiants: Canadiana (livre imprimé) 20210267607 | Canadiana (livre numérique) 20210267658 | ISBN 9781039609419 (couverture souple) | ISBN 9781039609488 (HTML) | ISBN 9781039609556 (EPUB)
Vedettes-matière: RVM: Insectes—Ouvrages pour la jeunesse. | RVMGF: Documents pour la jeunesse.
Classification: LCC QL467.2 .H5314 2022 | CDD j595.7—dc23